AF361059

EXAMEN CRITIQUE

DE LA

FLUTE ORDINAIRE

COMPARÉE A LA

FLUTE DE BÖHM,

PRÉSENTÉ A MM. LES MEMBRES DE L'INSTITUT

(ACADÉMIE ROYALE DES BEAUX-ARTS, SECTION DE LA MUSIQUE.)

PAR V. COCHE,

PROFESSEUR AU CONSERVATOIRE.

PARIS.

CHEZ L'AUTEUR,

RUE DU FAUBOURG-POISSONNIÈRE, N° 30

—

1838.

L'exposé qui va suivre est divisé en deux parties.

Dans la première, je signalerai les défectuosités de la flûte aujourd'hui en usage.

Dans la seconde, j'expliquerai en détail les effets que peut produire la nouvelle flûte.

De la Flûte ordinaire.

De tous les instrumens de musique, la flûte est le plus ancien; c'est celui dont l'usage n'a jamais été interrompu, et qui néanmoins est resté toujours imparfait. Aussi les perfectionnemens auxquels les facteurs ont atteint, sont loin de satisfaire les artistes; ils comprennent que l'instrument s'oppose, par sa construction irrégulière et sa sonorité douteuse, à tous les développemens que l'art et le talent pourraient obtenir. Entre la flûte qu'ils désirent et celle dont on se sert aujourd'hui, la distance est grande. Et si l'on prenait pour point de comparaison la flûte vulgaire à six trous et à une clé, on pourrait dire que la différence entr'elle et notre flûte à douze clés est moins grande que celle qui existe entre cette dernière et la flûte de Böhm.

Ainsi, de tous les essais tentés jusqu'à présent par des facteurs ou des artistes, aucun n'a remédié aux vices primitifs de la construction de la flûte; ils existent encore intégralement dans l'instrument actuel, surchargé d'une foule de clés qui nuisent à sa sonorité et compliquent les embarras du doigté.

On peut attribuer la défectuosité de la flûte au placement inexact des trous qui, depuis l'origine de cet instrument, ont été percés d'après l'écartement naturel des doigts. Par ce système, la plupart des trous ne correspondent pas aux fractions de la colonne d'air que donnent les proportions acoustiques :

de là naissent les différences dans la grandeur et la distance des trous, et, par suite, des intonations vicieuses et inégales, telles que **UT** et **UT** dièse de la seconde octave, dont l'un sera trop haut ou trop bas par rapport à l'autre ; telles que **MI**, **FA** dièse, **SOL**, **LA** bémol, **LA** naturel de la troisième octave, qui tendent à baisser, et souvent ne résonnent pas clairement. Le peu de sonorité et l'inégalité de beaucoup de sons lorsqu'ils sont produits au moyen d'un doigté plus ou moins couvert, ou que les flûtes diffèrent de construction ; l'embarras que produit, dans plusieurs tons, l'action de glisser le doigt par les deux clés de *fa* ; le grand nombre de trilles défectueux ; telles sont les principales difficultés devant lesquelles les meilleurs artistes échoueront toujours, parce que ces difficultés proviennent de défauts inhérens à la flûte.

Sans parler ici de l'effet désagréable produit par le souffle, et d'une foule d'imperfections qu'on n'a point évitées dans la facture moderne, que peut-on espérer d'un instrument qui, sur 217 notes formant le total des 12 gammes, en offrent près de la moitié de fausses ?

EXEMPLES.

INDICATIONS : Son bas, B ; — Son haut, H ; — Son faible, F.

GAMME LA PLUS SONORE.

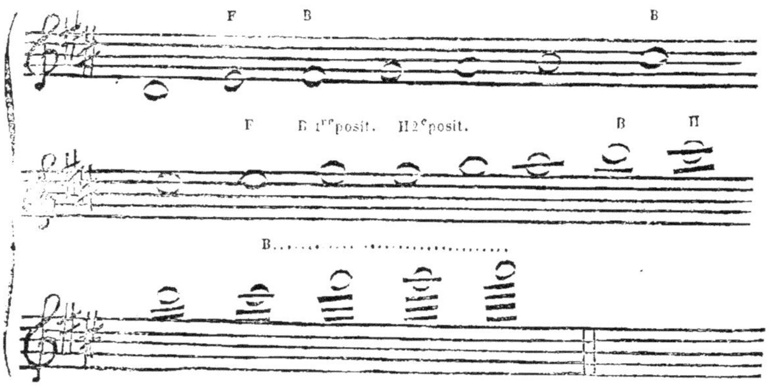

GAMMME D'UNE SONORITÉ BEAUCOUP PLUS FAIBLE.

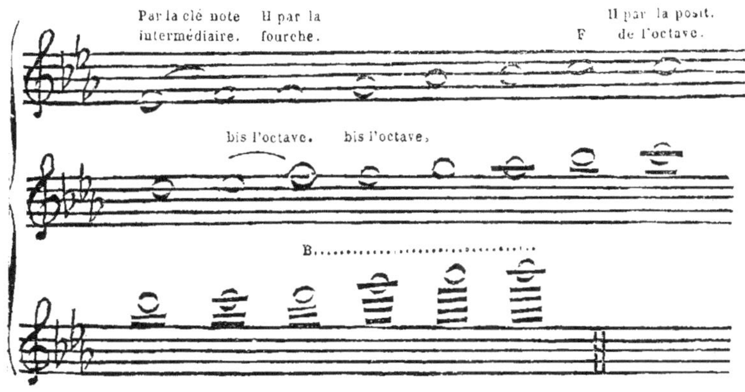

GAMME PLUS SONORE.

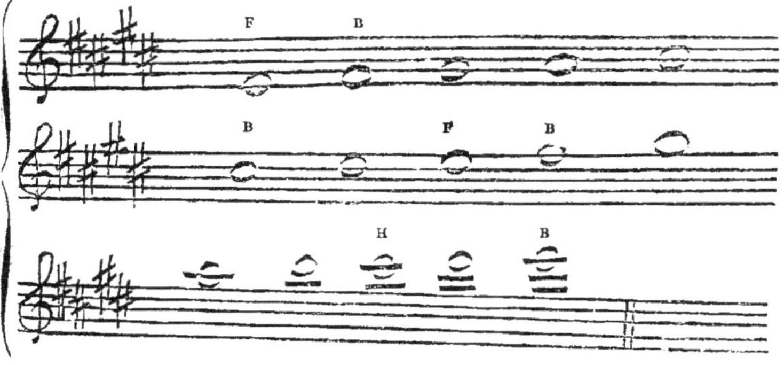

GAMME MOINS SONORE QUE CELLE DE MI BÉCARRE,
Et la plus juste de toutes.

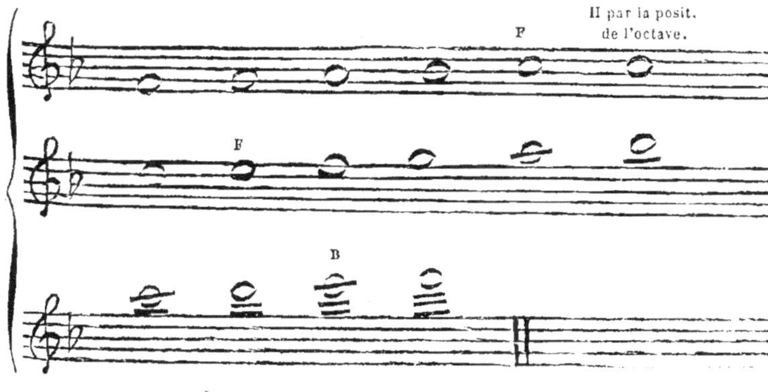

GAMME CONSIDÉRÉE COMME INUSITÉE.

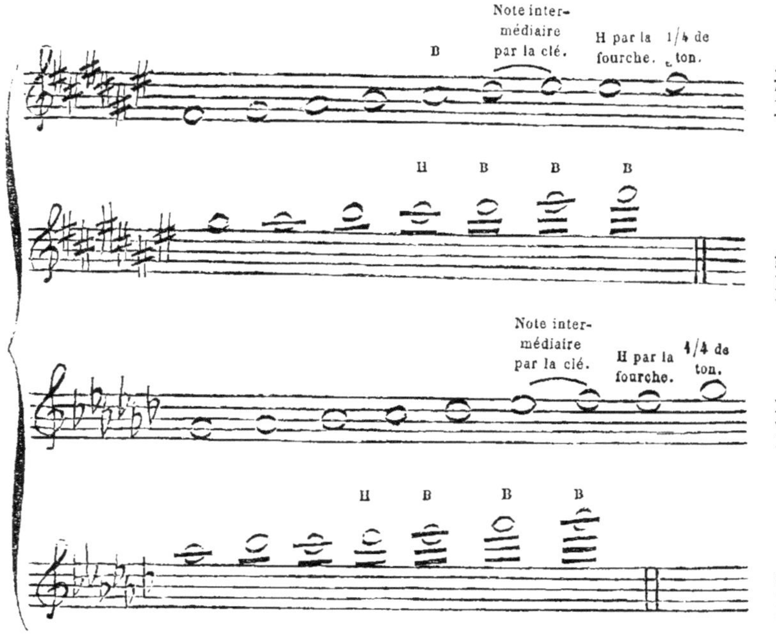

GAMME BRILLANTE.

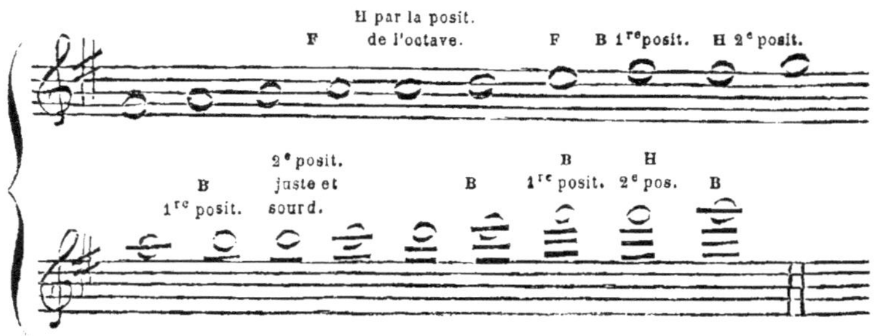

GAMME SOURDE ET DIFFICILE.

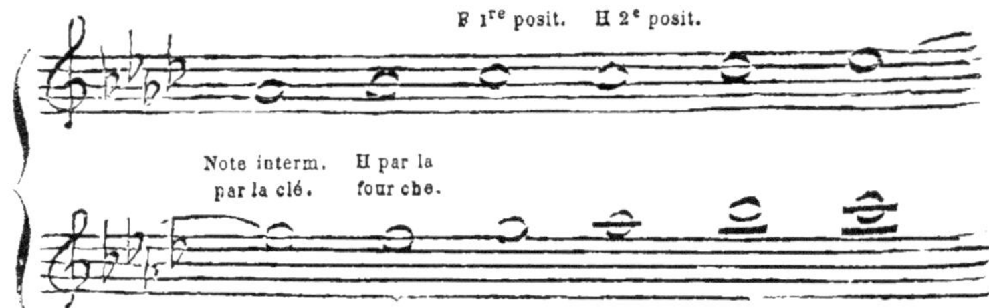

GAMME BRILLANTE.

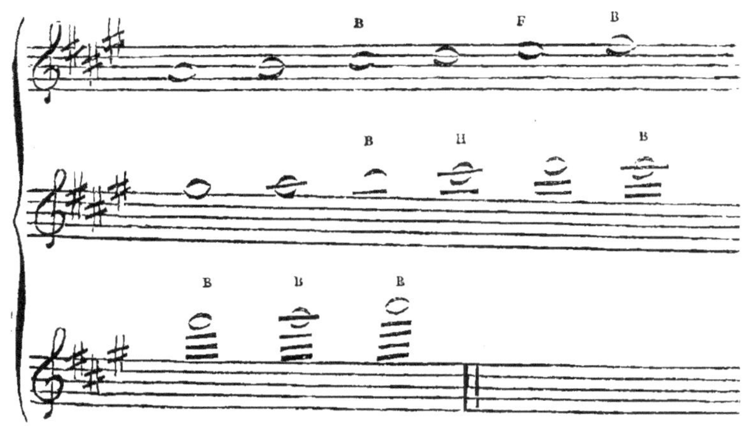

GAMME SOURDE,

Assez facile en prenant les *fa* avec la fourche.

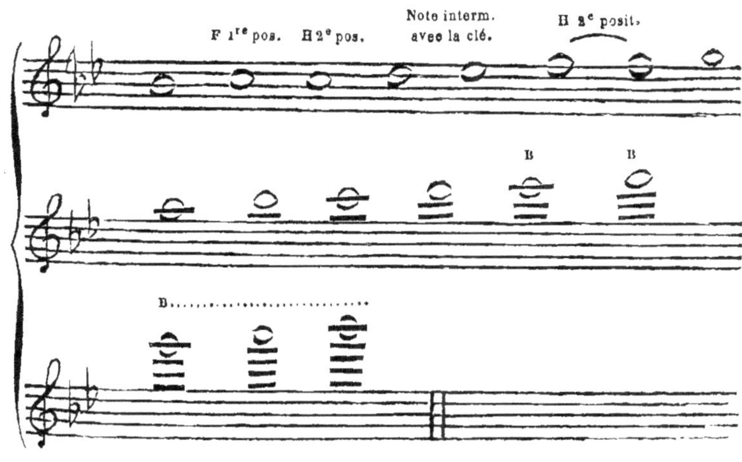

GAMME TRÈS-DIFFICILE.

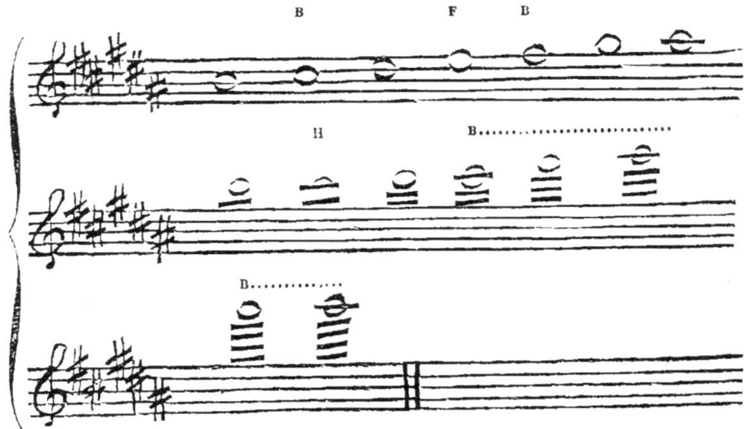

La gamme synonyme en *ut* bémol est inusitée.

GAMME SOURDE ET FACILE.

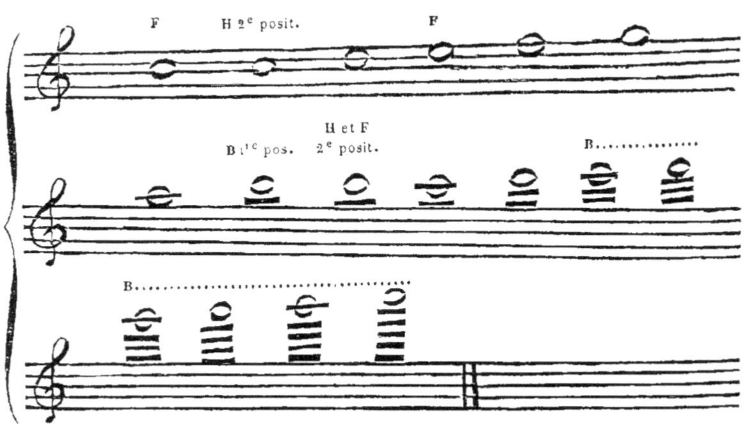

GAMME TRÈS-SOURDE ET TRÈS-DIFFICILE.

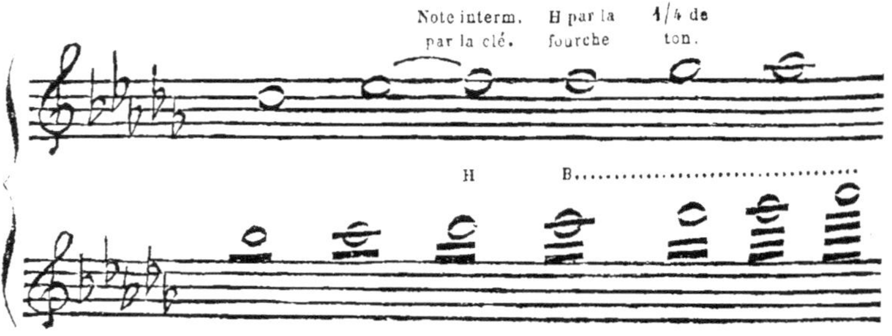

La synonyme en *ut* dièse est inusitée.

Sans doute, et c'est un axiôme musical, toute intonation isolée est juste; mais chaque son paraissant successivement précédé ou suivi d'un autre, l'oreille établit des rapports de convenance et de disconvenance qui sont les premières lois de la musique. Un instrument qui, dans sa construction, ne les observe pas, manque son but, et il est essentiellement vicieux, quand bien même il aurait d'autres qualités accessoires.

On sait que la flûte joue toujours des parties aiguës souvent chargées de fioritures, et notamment de trilles, dont l'effet, agréable ou manqué, selon la justesse ou la fausseté des intonations, est d'autant mieux senti que dans l'orchestre les sons aigus dominent toujours les autres. Sur une étendue de trois octaves, la flûte actuelle offre 40 notes sur lesquelles on ne peut exécuter un trille sans faire entendre un son faux.

TRILLES
DONT LES INTERVALLES NE SONT PAS JUSTES.

(Les points noirs indiquent les trous bouchés; les zéros les trous ouverts, les chiffres indiquent l'emploi des clés, on les compte en commençant par le bas.

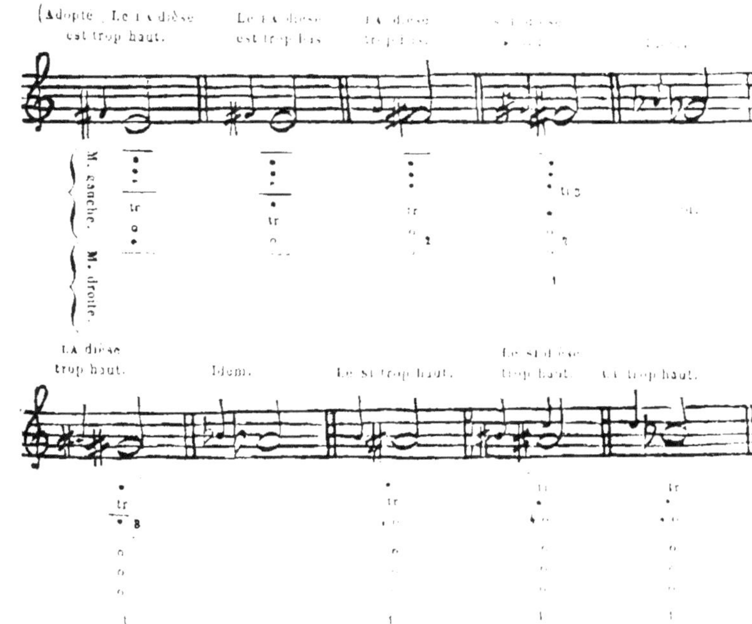

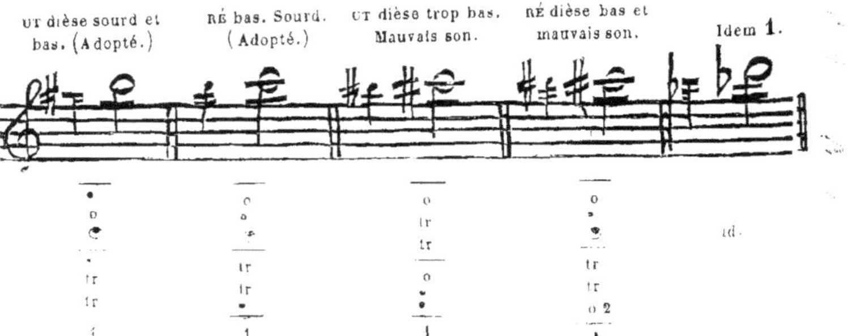
Impossible sans la 3e clé.
si dièse trop haut.
trille sourd.
Le mi trop haut.
Le mi dièse trop haut.
3e clé
tr
FA dièse trop haut. (Adopté.)
FA dièse trop bas.
FA bémol trop haut
FA dièse trop bas.
(Adopté.) FA diès trop haut. Sourd 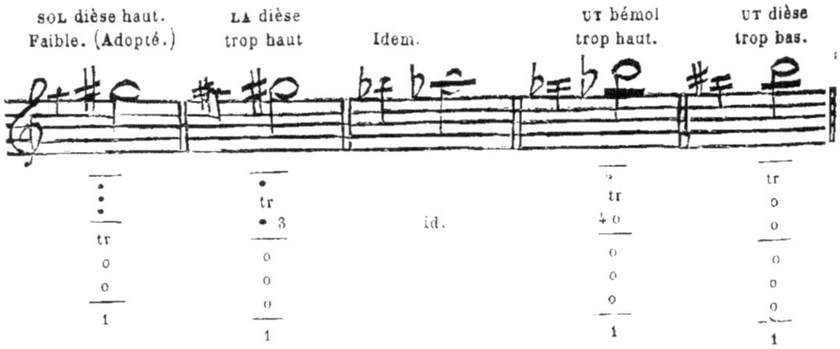
tr
SOL dièse haut. Faible. (Adopté.)
LA dièse trop haut
Idem.
UT bémol trop haut.
UT dièse trop bas.
id.
tr
UT dièse sourd et bas. (Adopté.)
RÉ bas. Sourd. (Adopté.)
UT dièse trop bas. Mauvais son.
RÉ dièse bas et mauvais son.
Idem 1.
id.

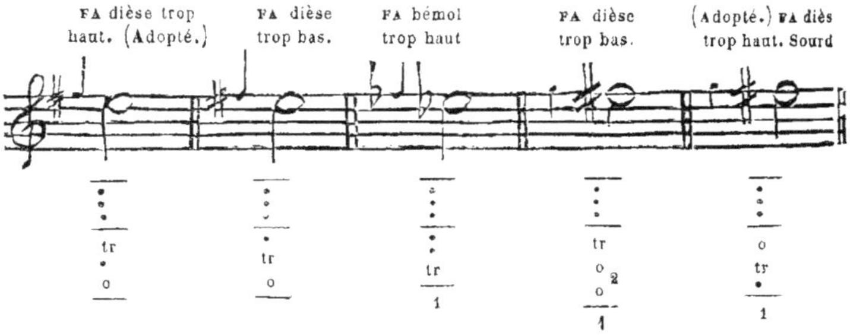

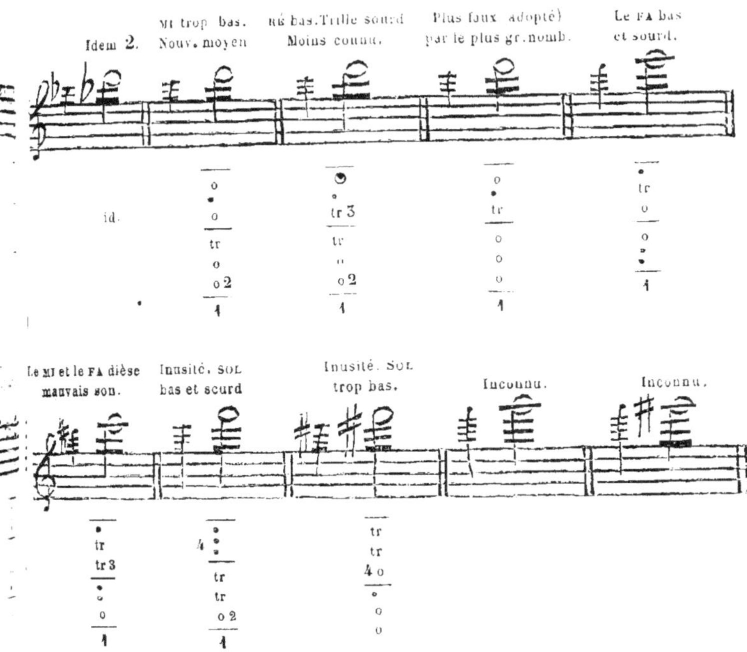

Il résulte de toutes ces défectuosités que la flûte actuelle embarrasse souvent les compositeurs, forcés de tâtonner les notes de son diapason inégal. Ils se trouvent ainsi entraînés à écrire des passages ou impraticables ou appropriés aux faibles ressources de l'instrument, ce qui nuit au développement des idées. Et encore on ne peut exiger des compositeurs toutes les connaissances de détail, les précautions infinies au moyen desquelles l'artiste essaie d'atténuer les défauts de son instrument : aussi nos opéras offrent-ils une foule de traits dont l'exécution est non-seulement difficile, mais le plus souvent en dehors des ressources de la flûte.

EXEMPLES CHOISIS DANS LES OUVRAGES DE DIVERS AUTEURS.

AUBER. Le Cheval de Bronze, entr'acte (n° 5). Passage très-difficile, sourd et faux
    La Fiancée, duo (n° 8). Passage très-sourd.
    La Neige, duo (n° 10). Passage sourd.
    L'Ambassadrice, morceau d'ensemble (n° 13). Mauvais trille

BOYELDIEU. La Dame Blanche, ouverture. Mauvais trille.
        Jean de Paris, final (n° 7). Mauvais trille.

ROSSINI. Guillaume Tell, ouverture. Mauvais trille.

BERTON. Montano et Stéphanie, ouverture. Mauvais trille.
      Le Délire. Passage sourd.
      Françoise de Foix, ouverture. Passage sourd.
      Même ouvrage,   stances (n° 10). Passage sourd

PAER. Le Maitre de Chapelle, air (n° 2). Passage difficile.
      Même opéra,   duo. Grupetto difficile.

HALEVY. L'Éclair, ouverture. Mauvais trille, sourd.
      Même opéra, duo (n° 1). Faux et difficile.
      La Langue Musicale, couplets (n° 2). Mauvais trille.

CHERUBINI. Messe solennelle, kirie. Mauvais trille.
      Deuxième Messe de Requiem, offertoire. Mauvais trille.

CARAFA. Masaniello, air (n° 2). Mauvais trilles.
      Même opéra, 2ᵐᵉ acte, récitatif et air (n° 7). Mauvais trille, difficile.
      Le Valet de Chambre, (n° 2). Mauvais trilles.

ADAM. Le Postillon, introduction. Mauvais trilles.
      Même opéra,   (n° 6). Ne se liant pas.
      Le Morceau d'ensemble, air (n° 2). Passage sourd.

BATTON. Le Remplaçant (n° 1), 1ᵉʳ acte, introduction. Allegro mod.

On pourrait encore signaler des passages dont l'exécution est défectueuse, par l'obligation de changer les doigtés, par le défaut de liaison entre les notes, ou parce qu'ils sont faux dans tous les tons.

Dans le but de faire adopter plus vite la flûte nouvelle par ceux qui jouent l'autre, j'imaginai (de concert avec M. Buffet jeune) une sorte d'instrument mixte, où l'ancien doigté pût être conservé sans employer la complication du mécanisme de Böhm; je ne pus obtenir un bon résultat. Je trouvai bien quelque chose de la qualité de son et de la justesse qui distingue la flûte de Böhm, mais pour exécuter les notes élevées, il fallait bien déroger aux anciennes règles, aussi je fus obligé de revenir à la flûte nouvelle, en adoptant le mécanisme et en y ajoutant les modifications qui m'ont paru utiles.

II.

De la Flûte de Bôhm [1].

L'inventeur a voulu remédier aux inconvéniens de l'ancien
instrument, en construisant le sien d'après des principes ration-
nels. Il a d'abord établi le percement, c'est-à-dire la colonne
d'air de la flûte, sur les plus exactes proportions de longueur
et de largeur; puis, divisant les parties de la colonne d'air
comme celles du monocorde, il assigna aux trous une grandeur
et une distance relatives, calculées sur la proportion des sons
tempérés.

Le corps d'instrument qu'il obtint par ces moyens ne pouvait
plus être joué par l'ancien doigté; il y appliqua un mécanisme
de clés en rapport avec la position naturelle des doigts et pro-
pres à faciliter l'exécution de tous les traits. C'est ainsi qu'il
évita les sons couverts; cela ne suffisait pas pour jouer aisément
dans tous les tons, parce que les tons les plus faciles sur l'ancien
instrument devenaient les plus difficiles avec la flûte de Bôhm,
et vice versâ. Mais après six mois d'étude et d'observations, je
reconnus la nécessité d'apporter quelques modifications au système [2]. Je me souvins qu'en jouant du violoncelle j'avais déjà
remarqué que le petit doigt de la main gauche et l'annulaire
étaient, d'après leur éloignement de la position de la main, d'une

---

(1) Voir à la fin, figure 2.   (2) Idem, figure 3.

faiblesse extrême. Ma remarque s'applique si bien à la flûte que
je me décidai à rétablir la clé de *sol* dièse fermée, telle qu'elle
existe sur la flûte ordinaire, et à mettre une correspondance
à la clé de *sol* dièse pour utiliser la main droite qui se trouve
levée dans les trilles et les gruppetti faits par l'annulaire et le
petit doigt. En effet, on peut les employer avec plus de succès,
puisqu'il est constant que les deux derniers doigts de la main
gauche sont plus faibles que les premiers doigts de la main
droite.

Si Bohm a voulu éviter l'emploi du petit doigt de la main
gauche en cherchant le nombre des tons à partir de trois dièses
et de trois bémols, c'était pour trouver dans l'étendue de la flûte
dix tons sur cinq où la clé de *sol* dièse doit rester ouverte. Il
aurait dû considérer que toutes les notes de la main droite de *fa*
dièse à *ut* dièse nécessitaient l'emploi du petit doigt de la main
gauche, puisque la colonne d'air s'échappant par la première
ouverture, il en résultait un mouvement trop fréquent de ce
petit doigt pour fermer la clé, ce que j'ai évité en la fermant
et en prenant les précautions nécessaires pour que le *la* pût conserver la *justesse* et l'*égalité* de son de toutes les autres notes.

Si, comme travail rationnel, Bohm a voulu qu'en levant les
doigts on fasse une progression ascendante, il aurait dû par
conséquent placer la clé de *mi* bémol ouverte.

J'ai imaginé une nouvelle clé pour obtenir sans obstacle le
trille d'*ut* dièse sur *ré* dièse qui est faux et difficile.

Ayant observé que le doigté du *si* bémol précédé ou suivi
d'un *sol*, était très difficile à faire dans un mouvement rapide
par l'index de la main droite ou par le glissement de l'index de
la main gauche sur la clé, j'ai placé un anneau sous le troisième
doigt de la main gauche qui, tenant à la clé de *si* bémol, permet d'employer l'ancien doigté, mais *seulement* dans une exécution rapide qui ne permet pas de remarquer cette intonation
douteuse.

On voit que, d'après mes changemens, les tons faciles sur
l'ancien instrument restent faciles sur le nouveau, et il n'y a

d'exclusion pour aucune musique, comme plusieurs artistes ont cherché à le faire croire, en disant que la plupart des œuvres de notre célèbre flûtiste Tulou ne pourraient plus être exécutées sur la nouvelle flûte. D'ailleurs, plus des deux tiers des notes du diapason sont faites par l'ancien doigté, et dans celles qui ont subi quelques changemens, il existe encore la plus grande analogie avec le doigté primitif.

Pour atteindre le but qu'il s'était proposé, Bôhm entoura quatre des trous placés sous les doigts, par des anneaux mobiles qui communiquent à des clés éloignées. Par ce procédé, on ouvre et on ferme, avec neuf doigts seulement, un plus grand nombre de trous servant pour les douze sons de l'octave, puisque par la pression sur les trous entourés d'un anneau, les doigts, par un seul mouvement, remplissent deux fonctions, en fermant à la fois le trou et la clé éloignée qui correspond à l'anneau.

Tous les sons de la flûte, sortant en toute liberté, surpassent ceux de la flûte ordinaire en force et en plénitude autant que par leur douceur et la sûreté parfaite avec laquelle ils peuvent être produits.

Dans l'ancienne flûte, les sons piano ne peuvent être exprimés qu'avec une certaine contrainte puisqu'il faut, dans cette occasion, retenir le souffle. Sur la nouvelle flûte, le musicien n'éprouve aucune difficulté à diminuer l'intensité du son : il suffit simplement de souffler avec moins de force.

Dans le but de faciliter la respiration et la formation du son, Bôhm a pratiqué aux parois de l'embouchûre une excavation où repose la lèvre inférieure. Dès lors le rayon d'air est plus concentré, et l'on parvient en peu de temps à éviter le sifflement importun résultant des parcelles perdues de ce rayon qui, dans la flûte ordinaire, est trop alongé et se propage au loin.

Les autres trous de l'instrument ne sont jamais embarrassés par le séjour de l'eau que le souffle dépose dans la flûte, ces trous sont si larges qu'aucun corps étranger ne peut adhérer à leurs parois.

Pour donner à sa flûte la plus grande sonorité, Bohm a supprimé la coulisse du premier compartiment, parce que l'expérience lui avait démontré que les coulisses métalliques nuisent aux vibrations du bois : elles donnent au son une dureté qu'on prend quelquefois pour de la force, et enlèvent à l'instrument la résonnance sonore et expressive qui lui est propre. Pour baisser la flûte, des anneaux d'argent sont introduits dans l'emboîtement du premier compartiment, afin de combler le vide occasioné par le tirage.

Bohm a pratiqué vers la partie inférieure de sa flûte un support en bois qui s'alonge et se raccourcit à volonté par le moyen d'une vis. L'instrument repose alors de tout son poids dans la cavité formée entre le pouce et l'index de la main gauche, et les doigts de cette main acquièrent ainsi une entière liberté de mouvemens, ce qui rend l'exécution plus facile.

La flûte de Bohm se distingue des autres par l'égalité de chaque son, toujours agréable à entendre, parce qu'il est dans un rapport convenable avec ceux qui le suivent où le précèdent. Cette égalité est si parfaite qu'on ne saurait donner une idée plus exacte de l'instrument qu'en le comparant au jeu d'anche d'un orgue expressif, dont les sons doux ou éclatans sortent toujours purs et sonores même dans les pianissimo, et permettent la gradation des nuances les plus variées que le caprice puisse imaginer.

Toutes les flûtes anciennes ne donnent pas les résonnances harmoniques du monocorde dans toutes les positions, tandis que la flûte de Bohm les offre avec une grande exactitude ; au reste, cet avantage, qui ne peut être apprécié que par des artistes instruits, n'est pas celui sur lequel on fonde l'adoption de la nouvelle flûte dont l'utilité sera comprise par tous les musiciens.

On a voulu nier la possibilité de soutenir les sons sur la flûte nouvelle comme sur l'ancienne. Non seulement on donne aux sons une durée qui n'a de limites que la force du souffle, mais encore le mécanisme n'empêche point la colonne d'air d'entrer

en contact immédiat avec les doigts, et l'on acquiert ainsi par le
tact, le sentiment de la justesse et de la nuance des sons.

Avec de telles ressources, l'exécutant n'est arrêté par aucun
obstacle dont l'observation et l'étude ne puissent triompher.
Aussi, à l'avantage de jouer avec une égale facilité et une
netteté parfaite dans tous les tons, il faut joindre celui d'y pratiquer tous les mouvemens en arpèges.

Bôhm n'emploie dans aucun cas l'ancienne méthode de bou-
cher des trous à moitié ; car toutes les gammes et tous les trilles
se font avec une égale justesse, d'après l'ingénieux mécanisme
sur lequel repose tout le doigté de la nouvelle flûte. Ce doigté,
beaucoup plus commode que l'ancien, maintient toujours la
main dans une position favorable à la rapidité des mouvemens.
Pour ne citer qu'un exemple, il suffit de dire que toutes les
notes élevées sont faites avec le petit doigt de la main droite, ce
qui donne un point d'appui, tandis que sur la flûte ordinaire
on ne peut les produire qu'en employant et en quittant successivement le petit doigt, combinaison assez difficile.

Cependant la clé de *mi* bémol pouvant être ouverte ou fermée, lorsqu'il n'y a point d'indication contraire il faut donc
choisir la position la plus commode.

De cet ensemble de faits, il résulte, que la musique déjà
écrite pour l'instrument, sera infiniment mieux exécutée, et
que désormais le champ est ouvert à toutes sortes de développemens nouveaux, puisque la nouvelle flûte, tout en conser-
vant la grâce et la légèreté qu'on apprécie dans l'autre, brille
encore par un caractère particulier de force et de noblesse.

Un instrument aussi complet que la nouvelle flûte devait né-
cessairement offrir des ressources que l'inventeur même n'avait
point indiquées. Aussi depuis le peu de temps que j'étudie, j'ai
trouvé des doigtés nouveaux et des trilles non indiqués sur la
tablature. Si après quelques mois d'étude je puis déjà signaler
des découvertes, que sera-ce donc quand j'aurai poussé plus
loin mes investigations? Et d'ailleurs, la perfection sur un nouvel instrument ne peut s'acquérir aussi promptement que la

connaissance des avantages qu'il présente : ici les faits indiqués doivent suffire avec leur application. Plus tard le travail et l'expérience conduiront à des résultats plus complets.

Je n'en doute point, j'arriverai, ainsi que les artistes consciencieux qui étudieront cette flûte, jusqu'au point de reculer les bornes au-delà desquelles nous n'osions nous aventurer. Au lieu d'une flûte *sourde* et *fausse*, nous parviendrons à faire adopter un instrument régulier, d'un timbre sonore, agréable, toujours égal et juste, et qui ne le cèdera à aucun autre sous le rapport des nuances et de l'expression.

CONCLUSION.

Les avantages de la nouvelle flûte ont été généralement compris : son mécanisme élégant et simple paraît, de prime abord, d'une utilité si réelle, qu'on s'étonne qu'il n'ait pas été deviné à l'époque même où l'on ajouta plusieurs clés à la flûte. Aussi, quelques artistes ont déjà fait construire, d'après les mêmes principes, des clarinettes, des hautbois, et des bassons qui l'emporteront sur les anciens modèles, comme la nouvelle flûte l'emporte sur l'autre (1). N'est-ce pas un beau succès pour l'inventeur, puisque sa découverte, trop nouvelle encore pour être appréciée dans tous ses résultats probables, en fait néanmoins espérer de si grands, qu'on s'empresse de l'appliquer à d'autres instrumens? Ce fait en dit plus que toutes les louanges auxquelles mon admiration pour la nouvelle flûte m'entraînerait naturellement si je ne craignais d'être accusé d'exagération ou d'engouement.

Dès l'instant où cet instrument fut appelé par son utilité et le choix des connaisseurs, à remplacer l'ancien, un facteur distingué, **M.** Buffet jeune, s'est empressé d'étudier les détails du

---

(1) Il est inutile de dire que le mécanisme de la flûte de Bœhm s'applique également à la petite flûte appelée octave.

mécanisme, et il est parvenu à fabriquer avec une exactitude vraiment scrupuleuse, des flûtes semblables à celles de Bôhm.

Dès à présent, il serait singulier que l'on s'astreignît à faire venir d'Allemagne un instrument qui va bientôt devenir populaire en France.

Mais, il faut le dire, c'est une vérité assez triste, qui s'applique aux travaux de tous ceux qui inventent : ce n'est point à eux que profite leur invention. Et quand la nouvelle flûte sera répandue, estimée ce qu'elle vaut, nous autres artistes qui l'aurons étudiée, prônée et fait apprécier, nous ne recueillerons point immédiatement le fruit de nos peines. Les erremens que nous aurons tracés seront suivis par d'autres qui ne rencontreront plus d'obstacles.

Mais lorsqu'on croit qu'une invention quelconque peut être d'une utilité générale, il faut la divulguer, la publier, c'est un devoir, alors même que le succès ne couronnerait point les travaux de l'artiste.

Ce travail doit être complété par la description technique de la flûte de Bôhm et le tableau des doigtés nouveaux que j'ai découverts; mais ces deux sujets seront traités amplement dans la Méthode.

Monsieur,

Je vous fais parvenir la copie de mon rapport à l'Institut, et je pense que vous ferez une chose utile en publiant l'opinion des signataires de ce rapport sur l'importance de votre travail; non seulement vous avez bien mérité de vos confrères en consacrant vos soins et vos veilles à l'étude et à la construction du nouvel instrument, mais les compositeurs vous sauront un gré infini d'avoir rendu plus facile l'usage de cette flûte sans être désormais arrêtés par des obstacles jadis insurmontables. Maintenant on pourra employer sans crainte et indifféremment la flûte sur tel ou tel degré de l'échelle chromatique, parce qu'on trouve toujours égalité de son, intonation parfaite dans tous les tons, perfectionnement du mécanisme qui ne fait plus que le bruit ordinaire des autres instrumens à vent, possibilité d'exécuter la musique de votre illustre maître Tulou, et tous les trilles sur tous les degrés de votre instrument : ces avantages étaient plus que suffisans pour motiver l'adhésion de l'Académie au rapport dont vous pouvez vous honorer.

Je suis avec considération,

H. BERTON.

ACADÉMIE ROYALE DES BEAUX-ARTS.

LE SECRÉTAIRE PERPÉTUEL DE L'ACADÉMIE CERTIFIE QUE CE QUI SUIT EST EXTRAIT DU PROCÈS-VERBAL DE LA SÉANCE DU SAMEDI 24 MARS 1838.

MESSIEURS,

D'après l'invitation qui vous a été faite par M. le Ministre de l'Intérieur, vous avez renvoyé à votre section de Musique l'examen des perfectionnemens apportés dans la confection des Flûtes, dites *Flûtes selon le système de Bôhm*, par M. COCHE, professeur de flûte à notre Conservatoire de Musique, et auteur d'une Méthode ayant pour but de faciliter l'enseignement et l'étude de ce nouvel instrument. Nous nous sommes occupés de cet examen et je vais avoir l'honneur de vous donner lecture du rapport dans lequel votre section de musique a consigné son opinion sur les mérites de cette flûte et ceux de la méthode composée par M. Coche.

L'instrument de musique auquel on a donné le nom de flûte est sans contredit, l'un des intrumens le plus anciennement créés; et, depuis la flûte de Pan jusqu'à celles en usage maintenant, et que l'on nomme *flûtes traversières*, par la raison qu'on les joue en *travers*, la forme et les moyens d'exécution sur cet instrument ont continuellement éprouvé de grands changemens, et l'on ne peut douter que ces divers changemens n'aient toujours eu pour but celui de chercher à corriger les vices d'intonation inhérens à la construction des anciennes flûtes, nous pensons que l'inventeur de cette nouvelle facture a atteint ce but; et nous allons vous donner connaissance des moyens qu'il a su employer pour y parvenir.

Les personnes éclairées, savantes ou artistes ont toujours pensé qu'il serait presqu'impossible de parvenir à construire une flûte qui, d'après les lois de l'acoustique, fût reconnue parfaitement juste dans toute l'étendue de son diapazon, et que souvent elle ne nous paraissait l'être que par l'habileté du virtuose exécutant, et ils appuyaient cette assertion des raisons suivantes : L'un d'eux, le célèbre Charles, votre illustre confrère à l'Académie des sciences, grand amateur de musique et jouant assez bien de la flûte, nous disait, en causant avec nous, qu'il avait grand regret d'avoir étudié cet instrument plutôt que le violon, instrument sur lequel on peut parvenir à jouer rigoureusement juste, au lieu que sur la flûte cela lui paraissait impossible, par la raison que sa construction était vicieuse en plusieurs points. 1° Que l'embouchure offrait une grande difficulté à vaincre, celle de l'insufflation, car pour introduire la colonne d'air dans le tube on ne peut éviter d'en perdre une partie qui passe à l'extérieur, et que, par ce fait, inévitablement on détruisait une portion de l'intensité du son et les moyens de le maîtriser avec sûreté; 2° que la perce des trous était mathématiquement et acoustiquement parlant, vicieuse; car le placement des trous n'y a été calculé que sur l'extension possible des doigts de l'homme, et non d'après les lois immuables de la physique; 3° que dans toute l'étendue de son diapazon, il y avait beaucoup de sons vagues, surtout ceux que l'on veut faire entendre dans la partie grave de l'instrument, et que ceux de l'aigu l'étaient souvent par trop; enfin que tous les sons des divers registres de la flûte ne semblaient pas tous être de la même famille ; 4° qu'il y avait impossibilité de faire sur telle ou telle note des trilles improprement appelés cadences ; et qu'en définitive, malgré la légèreté, la douceur de ses sons, la flûte resterait un instrument imparfait jusqu'au moment où un homme ingénieux trouverait les moyens de corriger tous ces défauts, et des artistes habiles et assez courageux pour abandonner leurs vielles habitudes et mettre en lumières les inventions nouvelles et utiles dans la culture des beaux-arts.

Messieurs,

Nous croyons que les vœux du grand physicien sont enfin exaucés et que tous les vices signalés par lui sont détruits. La flûte que nous avons l'honneur de vous présenter aujourd'hui fut construite d'après les procédés de M. Bôhm par M. Buffet jeune, l'un des plus habiles facteurs de la capitale ; le professeur Coche a présidé à cette construction et y a fait ajouter de nouvelles améliorations de son invention.

Pénétrés de l'excellence de cette découverte, plusieurs de nos virtuoses les plus renommés veulent en faire l'application à la facture des divers instrumens sur lesquels ils se sont illustrés, M. Brod, pour les hautbois ; M. Berr, pour les clarinettes ; M. Gebauer, pour les bassons, etc. Ce concours d'approbations artistiques est déjà une sûreté des mérites de l'invention ; mais ce qui nous semble devoir plus particulièrement mériter nos encouragemens et nos éloges, c'est la constance, la tenacité que M. Coche a mises à faire fructifier cette heureuse invention. Il a remporté le premier prix de flûte au Conservatoire ; son beau talent l'y fit nommer professeur dans la classe de flûte. Eh bien ! sentant l'importance de la découverte, il a eu le courage de se livrer à l'étude du nouvel instrument, d'en surveiller la fabrication en y faisant faire de notoires perfectionne-mens, et surtout ce qui nous paraît être un travail des plus utiles en cette circonstance, c'est la Méthode qu'il a composée ; elle nous a paru être rédigée avec clarté, et les préceptes y être toujours appuyés par d'excellens exemples.

Nous pensons donc, Messieurs, qu'en accordant votre approbation à notre rapport, vous ferez une chose juste et utile à l'art musical autant qu'honorable pour M. Coche.

Signé à la minute : CHERUBINI.

PAER.

AUBER.

HALEVY.

CARAFA.

BERTON, rapporteur.

L'Académie adopte les conclusions de ce rapport.

Certifié conforme :

Le Secrétaire perpétuel,

QUATREMÈRE DE QUINCY.

Le rapport de l'institut était venu sanctionner et l'invention de Bŏhm et les modifications que j'y avais apportées, lorsqu'au moment de publier le travail qui avait motivé ce rapport, j'appris que la qualité d'inventeur pouvait être contestée à Bŏhm. En artiste consciencieux, je voulais fixer mon opinion d'après des renseignemens exacts et rendre justice à celui qui avait véritablement découvert la nouvelle flûte. Je sais bien qu'il importait fort peu d'ailleurs que la flûte eût été inventée par

tel ou tel artiste ; mais moi, qui me donnais comme pro-
pagateur du système de Böhm, je ne voulais point qu'on pût
réclamer contre les assertions contenues dans mon travail ;
j'ajournai donc la publication et j'écrivis à M. Gordon en
Suisse, auquel l'opinion de plusieurs artistes attribuait l'invention de la flûte dite de Böhm. M. Gordon étant hors d'état
de me répondre, je reçus néanmoins de sa femme une lettre
(*Voir* N. 1) qui semble attribuer exclusivement à M. Gordon (1)
l'invention de la flûte nouvelle. A la reception de cette lettre,
je crus devoir écrire à Böhm, et je lui fis comprendre la nécessité de me donner des éclaircissemens d'après lesquels je
pusse formuler mon opinion. Böhm me répondit (*V*. N. 2) que
l'invention était véritablement de lui, et qu'en 1832 son instrument déjà complet ne pouvait être comparé aux essais de M.
Gordon qui en 1834 faisait fabriquer chez lui Böhm. Cependant
par une lettre datée de Munich du 15 juillet 1833 (*V*. N. 3), Gordon parlait de la flûte qu'il venait de faire construire par un
habile ouvrier de Böhm. En effet, Böhm dit lui-même qu'avant
cette époque Gordon avait passé neuf mois chez lui pour surveiller la construction de ses flûtes. Au milieu de toutes ces
assertions, je ne puis mieux faire que de mettre sous les yeux
du public les pièces de conviction, au moyen desquelles il pourra
tirer des conséquences. Je me devais à moi-même de chercher
la vérité ; qu'on juge donc la validité des prétentions de l'un ou
de l'autre inventeur.

Ce qui ressort de plus évident, c'est qu'en 1827 Böhm ne
s'occupait pas de la fabrication des flûtes d'après le nouveau
système, Iwan Müller l'affirme positivement ; Gordon, au
contraire, en avait déjà construit ; l'antériorité de l'invention
lui est donc acquise ; et d'ailleurs, il fut le premier à trouver
la division de la colonne d'air ; à faire usage de croissans, au
moyen desquels on peut obtenir le résultat de plusieurs mouve-

---

(1) Voir à la fin, figure 1.

mens par un seul *doigt;* à pratiquer une excavation pour recevoir la lèvre inférieure dans le but de détruire l'effet désagréable produit par le souffle. Telles sont les bases générales de la construction de la nouvelle flûte que Bôhm a modifiée, notamment par l'application des clés de *fa* dièse et du trille de *ré* en remplaçant par des anneaux les croissans inventés par Gordon, et en donnant beaucoup plus de solidité et de simplicité au mécanisme qui, dans le principe, se composait de crochets et de fil d'acier qui n'offraient point de sécurité pour l'exécution.

La flûte de M. le colonel Rebsomen n'a aucun rapport avec celle de Bôhm. Le désir de déblatérer contre le nouvel instrument a fait chercher quelques raisons de pouvoir attribuer son invention à tout autre qu'au véritable auteur. Comme si l'origine de la flûte de Bôhm, quelle qu'elle puisse être, devait nuire aux avantages incontestables qui la distinguent actuellement.

Quoiqu'il n'y ait aucune analogie entre les deux flûtes, il faut ici rendre justice au talent extraordinaire et à la persévérance singulière avec laquelle le colonel Rebsomen s'est fabriqué d'abord des outils pour remplacer le bras gauche qui lui manque, puis, avec ces auxiliaires, il construisit des instrumens spéciaux au moyen desquels il produisit son admirable flûte à une main, armée de 14 clés, percée de 18 trous et sur laquelle on peut exécuter toute la musique de flûte.

CORRESPONDANCE.

N₀ I.

Lauzanne, le 20 Mai 1838.

MONSIEUR,

Il est très-vrai que mon mari, passionné de la musique, à laquelle il a consacré tous les momens que son état ne réclamait pas impérieusement, et ne pouvant prendre son parti des bornes et de l'imperfection de la flûte, a cherché, pendant plusieurs années, à en inventer une qui réunît à une grande justesse de son une plus grande étendue et une exécution facile. Il y réussit enfin en 1830, époque à laquelle la révolution de juillet l'a privé de sa vocation, de ses espérances, et par conséquent de sa fortune. Il eut alors l'idée de tirer parti de cette nouvelle flûte, pour la rétablir, en se faisant entendre dans les principales villes de l'Europe, puis en obtenant un brevet d'invention, établissant des fabriques et introduisant ce bel instrument dans le monde musical.

. Il commença par aller à Munich en 1833, auprès de M. Böhm, qu'il avait connu à Paris, et dont un des ouvriers pouvait seul l'aider à la confection de la flûte qu'il avait inventée. Je ne pourrais vous dire à présent, Monsieur, si c'est à mon mari que M. Böhm doit l'idée de la flûte qu'il vous a envoyée, ou s'il l'a seulement perfectionnée d'après la sienne, ou si, peutêtre, il vous a envoyé celle de mon mari; je pourrais écrire pour le savoir. si vous me le conseillez, à l'ouvrier avec lequel il l'a faite, et je vous enverrais sa réponse. Mais ce que je sais, c'est qu'après avoir passé quelques mois à Munich pour la facture de sa flûte, il est allé ensuite à Londres pour l'accomplissement de ses projets; mais comme il était fort timide, sans recommandation, sans connaissance du monde et de la manière de s'y prendre pour y réussir, il y a vu diminuer et finir ses ressources pécuniaires avant d'avoir pu se faire connaître; en sorte qu'il est revenu ici, dans sa famille, malade et découragé. Puis un accident est venu compléter tous les chagrins qu'il avait essuyés : cet instrument, qui lui avait coûté tant de peines et de veilles, s'est fendu par suite d'un perfectionnement qu'il a voulu encore y faire. Quoique désolé, il s'est remis à l'ouvrage pour en faire un autre : car il avait acquis par sa persévérance une habileté bien supérieure aux ouvriers qui l'entouraient. Mais l'ardeur qu'il a mise à ce travail, et la difficulté de l'exécuter sans aucun secours, jointes aux contradictions de tout genre que ses projets lui avaient suscitées, ont peu à peu altéré ses facultés intellectuelles avant qu'il ait pu achever son ouvrage, et il a dû l'interrompre entièrement et éloigner toute idée qui pût s'y rapporter, afin de laisser reprendre à sa tête le calme dont elle a besoin ; et c'est ce qui fait, Monsieur, que je prends la plume à sa place, sans avoir pu lui parler de ce qui fait le sujet de ma lettre.

Peut-être M. Bôhm, qui doit avoir appris cet hiver par son ouvrier l'état de mon mari, aura-t-il cru que, puisque mon mari était atteint d'une maladie mentale, il pouvait, sans manquer à la délicatesse, s'approprier une invention qui, sans lui, restait inutile au public. Ce qui me le ferait supposer, c'est la coïncidence de l'invention de M. Bôhm avec la maladie de mon mari. Du reste, M. Drouet, dont M. Gordon est un ancien élève, et qui a vu et admiré sa flûte, pourra vous dire ce qu'il en pense, et à quelle époque elle a été faite. M. Tulou doit l'avoir vue aussi.

Je joins à cette lettre le dessin de cet instrument ainsi que sa tablature, telle que mon mari l'avait confectionnée ; et puisque la Providence a permis que vous vous intéressiez à cette affaire, et qu'un sentiment délicat vous a fait désirer de pouvoir faire rendre justice à celui à qui elle appartient, veuillez m'honorer de vos conseils, Monsieur, et me dire quelles démarches je pourrais avoir à faire pour conserver à mon mari des droits qui, si Dieu permet sa guérison, pourraient lui être utiles un jour. Je n'ai pas besoin de vous dire, Monsieur, tous les titres que vous acquerrez à ma reconnaissance, ainsi que toute ma considération.

M. GORDON.

N° II.

Munich, le 2 juin 1838.

Monsieur,

Je vous suis bien obligé pour votre lettre du 25 mai, et je m'empresse de vous donner de suite une réponse. Je connais très-bien M. Gordon, ci-devant capitaine dans la garde suisse à Paris. Je fis sa connaissance à Londres il y a six ans, et il avait dans ce tems une flûte d'une construction différente des autres flûtes, mais qui était fausse et peu praticable. Il avait pris connaissance de mon séjour à Londres, et vint me visiter pour me consulter sur des flûtes, parce qu'il savait que j'en fabriquais moi-même. Dans ce tems, j'avais déjà fait à Londres le modèle de ma flûte nouvelle, et je lui montrai tout ce que j'avais fait.

M. Gordon ne voulut pas prendre ma flûte parce qu'elle n'était pas de son invention, et il travailla tant pour trouver une construction différente, que ses efforts lui tournèrent presque la tête. En 1834, il m'écrivit de Lausanne qu'il admirait beaucoup l'ouvrage de mes flûtes, et me demanda si je ne voudrais pas lui faire une flûte d'après ses idées ; je consentis, et il vint à Munich, où je mis un de mes ouvriers à sa disposition.

D'après mon conseil, il adopta, pour la plus grande partie, la position des trous de ma flûte ; mais il voulait absolument suivre ses idées quant au mécanisme des clés, et après avoir travaillé pendant neuf mois avec mon ouvrier ; après avoir construit et réglé plusieurs flûtes, à la fin il en eut une qui ressemblait en quelques parties à la mienne. Je le vis pour la dernière fois à Londres en 1836, très-embarrassé, où il me dit qu'il voulait abandonner ses occupations inutiles et jouer de ma flûte. Quelque tems après, il m'écrivit à Munich de lui envoyer une de mes flûtes pour s'en servir. Je lui écrivis mes conditions, sur quoi je ne reçus plus de lettres de lui ; et plus tard, un de ses compatriotes me dit qu'il avait renoncé entièrement à jouer de la flûte ; qu'il avait jeté son instrument dans le lac de Genève, et qu'il était malade. L'année passée, il écrivit encore une fois à mon ouvrier qui avait sa flûte, pour l'engager à s'associer avec lui pour établir des fabriques de flûtes à Paris, à Londres, Vienne, etc., et en même tems il arriva une lettre de sa famille, l'informant qu'il était bien malade, et témoignant le désir qu'on ne lui fît point de réponse.

Je vous assure, Monsieur, que j'eus beaucoup de compassion pour M. Gordon, que j'estimais à cause de son caractère, et il est bien dommage que cet homme, qui était estimé de beaucoup comme un brave officier, possédant de grands talens et de beaucoup de mérite, ait perdu son tems et son argent en ayant la folie de vouloir être l'inventeur d'une chose pour laquelle ni sa connaissance dans l'acoustique ni son habileté dans le mécanisme n'étaient suffisantes, et qui lui donnait tant de peine que les efforts dérangèrent sa tête et sa fortune. Si vous désirez avoir des certificats que ma flûte était déjà complète en 1832 et que M. Gordon faisait faire ses flûtes dans mon établissement à Munich en 1834, je vous les ferai parvenir tout de suite. En 1834, il y avait un article concernant ma nouvelle flûte dans la Gazette Musicale de Leipzig, nº 5. En 1833, MM. Farrene, Camus, et Laurent, facteurs de flûtes (Palais-Royal), qui connaissent M. Gordon, connaissaient déjà ma nouvelle flûte, et la cause qu'elle n'était pas encore connue plus généralement, était parce que j'étais trop occupé pendant trois ans avec les fabrications de fer en Angleterre, et que je jouais très-peu moi-même ; mais à présent je ferai mettre dans les gazettes musicales et dans les journaux politiques une histoire détaillée de ma flûte.

En même tems recevez, Monsieur, mes salutations amicales et ma plus haute considération.

Théobald BOEHM.

Première flûte de la chapelle royale à Munich

et fabricant d'instrumens

N° III.

Munich, 15 juillet 1833.

MONSIEUR,

Connaissant depuis long-tems votre obligeance, je ne crains pas de vous demander un service. Il s'agit de faire remettre aux ci-après nommés quelques exemplaires des imprimés que je vous adresse de Munich, où je viens de faire exécuter par un habile ouvrier un instrument excellent d'après mon modèle. Je partirai prochainement pour Londres, où mon adresse est *New-Castel street, Strand* 22. Veuilez m'y adresser un mot sur la réception des imprimés, que j'affranchis aussi loin que je puis. Nous compterons plus tard vos déboursés. Vous pourriez laisser votre adresse chez quelques-uns des ci-dessous nommés pour que, s'il se présente des amateurs, vous puissiez leur indiquer la mienne à Londres.

Pour M. Pleyel, au magasin de musique boulevart des Italiens, 6 exemplaires; pour Paccini, idem, n° 11; M. Frey, place des Victoires, n° 8; Schlesinger, rue Richelieu, n° 97; M. Laurent, facteur de flûtes, Palais-Royal, 65; M. Tulou, rue des Martirs, n° 27; M. Drouet, rue de l'Arcade, n° 28; M. Farrene, rue S.-Marc, n° 21; M. Camus, rue Montmartre, en face la rue Montorgueil; M. Lemoine, rue de l'Échelle, n° 9; Jeannet et Cotelle, rue S.-Honoré, 123; au bureau de M. Fétis, rédacteur du journal des Beaux-Arts, rue S.-Lazare, n. 31.

Recevez d'avance mes remercîmens, et mes complimens très-affectueux, ainsi que votre famille.

Votre dévoué serviteur,

GCRDON.

(Cette lettre est adressée à M. Mercier, rue St-Nicaise, n° 2.)

www.ingramcontent.com/pod-product-compliance
Lightning Source LLC
LaVergne TN
LVHW020626180726
843502LV00006B/1901